JN065570

すぎもとれいこ童謡集

秋蝶

あきちょう

てらいんく

すぎもとれいこ　童謡集

秋蝶《あきちょう》

もくじ

第一章　ふゆのお日さま

第二章　秋蝶《あきちょう》

第三章　いないいないない　おったあ！　伊予《いよ》の方言　あそびうた

第一章　ふゆのお日さま

ふゆのお日さま

ふゆのお日さま
おねぼうさん
ぼくが　おきても
まだお日さま　でてない
――ママ　おひさま　おこして――
おそとで　あそぶんだ

ふゆのお日さま
おかえりはやい
おそとに　でると
もうお日さま　かえっていく
――ママ　おひさま　よびもどして――
おすなで　あそぶんだ

はんぶんこ　いいね

おにいちゃんと　はんぶんこ
オレンジジュース　はんぶんこ
いもうとと　はんぶんこ
かあさんのひざ　はんぶんこ
おとうさんと　はんぶんこ
ひとつのかさを　はんぶんこ
いいね　いいね
はんぶんこ　いいね

おばあちゃんと　はんぶんこ
おひるねもうふ　はんぶんこ
おじいちゃんと　はんぶんこ
つったさかなを　はんぶんこ
ねこのミーと　はんぶんこ
ローカのひだまり　はんぶんこ
いいね　いいね
はんぶんこ　いいね

いたいの　とんでいけ

こいしにころんと　たくとくん
おててにすりきず　いたたたた
いたいのおそらへ　とんでいけ

つくえにこつんと　すみれちゃん
おでこにちびこぶ　いたたたた
いたいのおそらへ　とんでいけ

さかみちつるんと　ゆいねちゃん
おひざにあおあざ　いたたたた
いたいのおそらへ　とんでいけ

いたいのいたいの　どこいった
にしのおそらに　とんでった
ゆうひにとけて　きえてった

ひとりでおあそび　そんな日は

ひとりでおあそび
そんな日は
のんびり山を
見ていよう
山なみにうつる
ひかりとかげ
うごいてる

ひとりでおあそび
そんな日は

ゆっくり空を
見ていよう
雲がえがいた
いきものたち
うごきだす

ひとりでおあそび
そんな日は
山を見ようよ
空を見よう
何かがかわる
どこかがかわる
見つけよう

できたよ　あんよ

あんよが　じょうず
ここまでおいで
いちに　いちに
さいしょのいっぽ
でそうで　でない

あんよが　じょうず
ここまでおいで
いちに　いちに
さいしょのいっぽ
でそうよ　でるでる

あんよが　じょうず
ここまでおいで
いちに　いちに
さいしょのいっぽ
ほらでる　できた

そっと　きてみる

かあさんのセーター
そっと　きてみる
足までですっぽり　ふうわりと
だかれたみたいに　やさしくて
お日さま色が　あったかい

とうさんのシャツを
そっと　きてみる
マントのように　肩にかけ
おとなの気分で　歩いたら
ゾウ色シャツが　たくましい

いもうとのコート
そっと　きてみる
はちきれそうに　ピチピチで
むねのボタンが　止まらない
ミルク色が　なつかしい

みて　みて

ぼくの　うえた
チューリップ
あかい　つぼみを　つけました
みんな　みに　きて
やったぞ　もうすぐ
さきそうだ

ぼくの　そだてた
チューリップ
おおきな　はなが　さきました

みんな　みに　きて
やったぞ　すごいぞ
チューリップ

おはなししてね

こどものころの　おじいちゃん
とくいなあそびは　なんだった
けんかのおもいで　あるのかな
おはなしきかせて　おじいちゃん

こどものころの　おばあちゃん
とくいなおうたは　なんだった
くやしいおもいで　あるのかな
おはなしきかせて　おばあちゃん

きょうはいいこと　あったんだ
きいてほしいな　ぼくのゆめ
おはなしきいてね　おじいちゃん
おはなしきいてね　おばあちゃん

ほしいな　ママふたり

ねえ　ママ
ぼくも　だっこして
いつも　いもうと　だいている
ふたつ　ほしいな
ママの　むね

ねえ　ママ
ぼくも　すわらせて
いつも　いもうと　すわってる
ふたつ　ほしいな
ママの　ひざ

ねえ　ママ
ぼくにも「ねむれ」して
いつも　いもうと　うでのなか
ほしい　ほしいな
ママ　ふたり

じいじとやまのぼり

じいじについてく　やまのぼり
ねっこをさけて　こいしをよけて
さかみち　のぼる
いっぽ　いっぽ　まえへ　まえへ

じいじをおいかけ　やまのぼり
あしあとおって　あしあとかさね
ひたすら　あるく
いっぽ　いっぽ　まえへ　まえへ

じいじのあといく　やまのぼり
あしあとみつめ　おちばふみしめ
ただただ　あるく
いっぽ　いっぽ　まえへ　まえへ

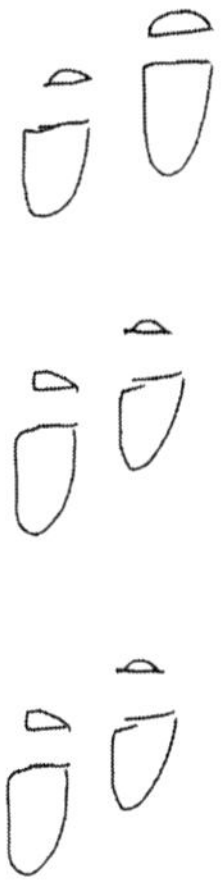

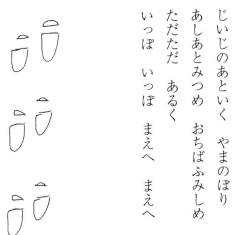

晴れ男

ぼくの名まえは　はるひこさ
その名のとおり　晴れ男
ざあざあ　雨がふってても
ぼくが歩けば　晴れてくる
みるみる青空　見えてくる
あしたの遠足　雨マーク
だけど・・
ほーら　雨ぐも　とんでった

晴れの日　生まれのはるひこさ
だからか　どうだか晴れ男
じとじと　雨がふりつづき
うんどうじょうは　水たまり
サッカーゴールが　ないている
そんなばしょでも　ぼく行けば
ふしぎ・・
なぜか　お日さま　かお出した

虫ハンター

ぼくはハンター
虫ハンター
トンボおいかけ
エイ　ヤー　エイ
虫取《と》りあみで
そらを　かく
あらら
にげられた

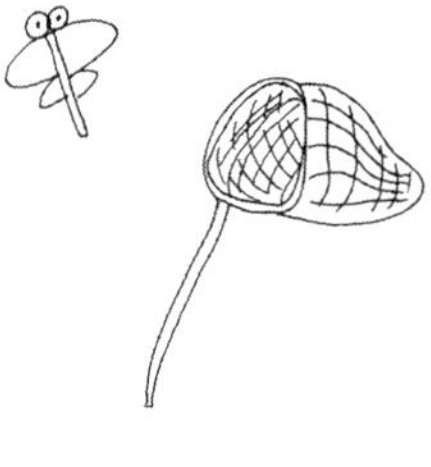

ぼくはハンター
虫ハンター
みつけたせみに
そーっと　そっと
虫取りあみを
かかげて　ジャンプ
あれれ
とんでった

ぼくはハンター
虫ハンター
バッタはねたよ
くさのなか

虫取《と》りあみで
エイ　ヤー　ソレ
あらら
どこいった

くまさんぞうきん

ぼくが
あかちゃん　だったとき
だいて　ねむった
くまさんタオル
ばあばが　みつけて
チクチクチクチク
くまさんぞうきん
つくったよ

ぼくが
あかちゃん　だったとき
くびに　まいてた
くまさんタオル
まだまだ　つかえる
チクチクチク
くまさんぞうきん
やわらかい

ぼくが
あかちゃん　だったとき
ないて　さがした
くまさんタオル

もったいないよと
チクチクチク
くまさん　にっこり
わらってる

第二章　秋蝶《あきちょう》

おちこぼれやさい

曲がりキュウリは
こまったやさい
お店に出せない
おちこぼれ
　でもね
しの字が
うまく　かけてるよ

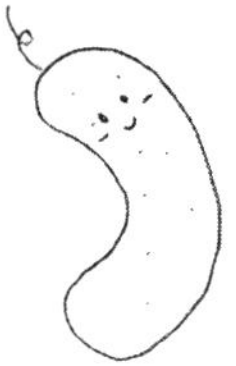

二股《また》にんじん
はねものやさい
お客にうれない
おちこぼれ
　でもね
Vの字
ピース　えがおだよ

双子トマトは
ふしぎなやさい
規《き》格《かく》にあわない
おちこぼれ

でもね
まっかな
ハート　うれしいね

おちこぼれって
すてきだよ
料理《りょうり》しだいで
天下一
　ほらね
見てよし
味《あじ》よし　買ってよし

「じぶんらしさ」はすてき

だれかに「おでぶさん」といわれても
泣《な》きべそなんてかかないで
——わたしらしいでしょーと
うたいましょう
「じぶんらしさ」はすてき　らららららら

だれかに「やせっぽち」といわれても
よわ気になんてならないで
――ぼくらしいだろーと
うたいましょう
「じぶんらしさ」はすてき　らららららら

だれかに「おちびさん」といわれても
背《せ》のびなんてしないでね
――わたしらしいでしょーと
うたいましょう
「じぶんらしさ」はすてき　らららららら

だれかに「のっぽさん」といわれても
首をすくめたりしないでね
――ぼくらしいだろーと
うたいましょう
「じぶんらしさ」はすてき　ららららら

だれかになにかをいわれても
聞きながそうよ　気にしない
――わたしらしいー
――きみらしいー
「じぶんらしさ」がひかる　ららららら

そらくんと（いぬの）コロン

そらくん　コロンと
ボールとり
くわえてきたのは　コロンくん
――もういっかいー

そらくん　コロンと
おにごっこ
おっとっとそらくん　ころがった
――もういっかいー

そらくん　コロンと
おすもうだ
コロンじゃれつき　はなれない
――もういっかいー

そらくん　コロンと
かけっこだ
コロンダッシュで　もういない
――もういっかいー

そらくん　コロンと
スイミング

コロンいぬかき　スーイスイ
——もうおしまいー

ガタンゴトトン　ガタンゴト

鈍行列車《どんこうれっしゃ》が　はしります
各駅停車《かくえきていしゃ》で　はしります
列車《れっしゃ》だけれど　一車両《しゃりょう》
つながる仲間《なかま》は　おりません
ガタンゴトトン　ガタンゴト
やさしいリズムではしります
お客《きゃく》さまはこっくりと

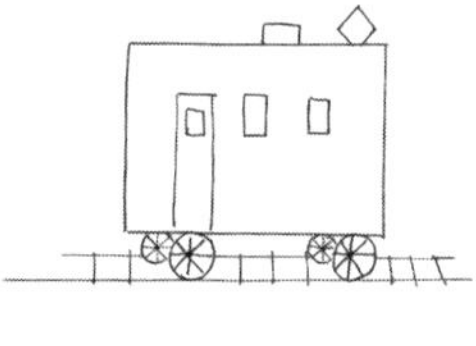

鈍行列車《どんこうれっしゃ》の　運転手《うんてんしゅ》
切符《きっぷ》を売ったり集《あつ》めたり
無人駅《むじんえき》では　旅案内《たびあんない》
車両安全《しゃりょうあんぜん》　確《たし》かめて
ガタンゴトトン　ガタンゴト
さいごはお掃除《そうじ》　おつかれさま
お仕事いっぱい　こなします

鈍行列車は　いつの日も
――お先にどうぞーと気持ちよく
急《いそ》ぐ列車に　ゆずります
いそぎませんよ　あわてません
ガタンゴトトン　ガタンゴト

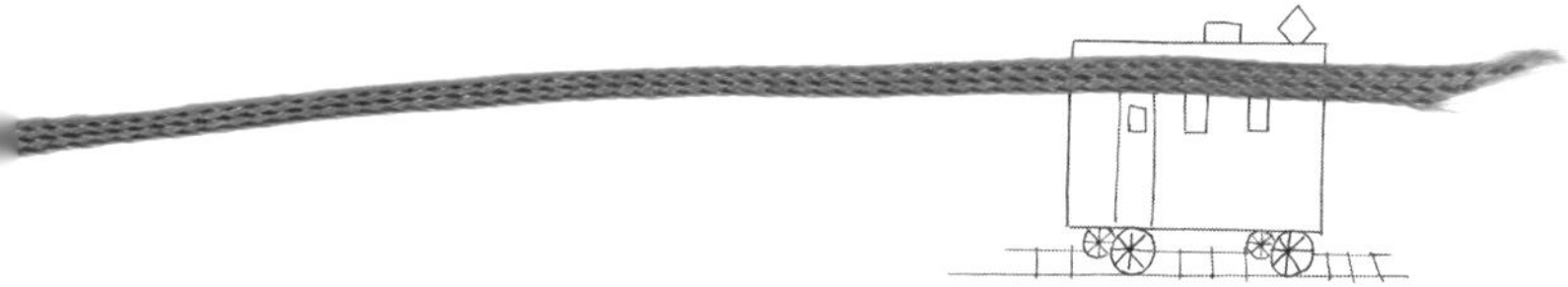

里山《さとやま》ぬけて　海辺《うみべ》こえ
胸《むね》をはって　はしります

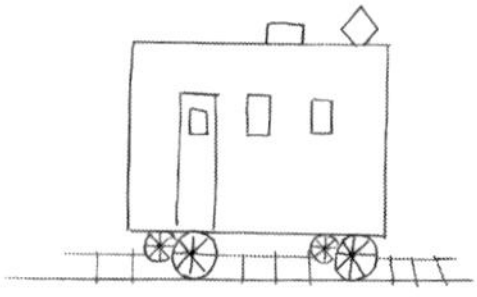

目がまわる

目がまわる　目がまわる
じしんがきたんじゃないぞ
おなかがすいているんでもないぞ
はやくして　はやくして
切れ間のない　母さんの声
聞いてるだけで　目がまわる

目がまわる　目がまわる
逆立《さかだ》ちしすぎたんじゃないぞ
お酒《さけ》によっているんでもないぞ
いそがしい　いそがしいと
家中にひびく　母さんの声
聞いてるだけで　目がまわる

ら～らら

「ら」の音　ふしぎ
こえにだしたら　たのしくなるよ
ほら　リズムをとって
ら～ら　ら～ら　ら～～ら

「ら」の音　ゆかい
うたいだしたら　からだがゆれる
ほら　リズムにあわせて
ら～らら　ら～らら　ら～ららら

「ら」の音　ふしぎ
ことばなくても　うたがうまれる
ほら　メロディながれて
ら～らら　らっらっら
ら～らら　らっらっら

秋蝶《あきちょう》

黄色く染《そ》まった
銀杏《いちょう》の下を
紋黄蝶《もんきちょう》がとんでいる

ひらひら落《お》ちる
木の葉《は》をみつけ
仲間《なかま》とおもって　きたのかな

赤く染まった
紅葉《もみじ》の下を
紋白蝶《もんしろちょう》がとんでいく

ひらひら羽を
ゆりふるわせて
さよならいいに　きたのかな

キラキラひかる
夕陽《ゆうひ》をうけて
紋黄蝶がとんでいる

寄《よ》り道《みち》せずに
おかえり早く
冷《つめ》たい風の　吹《ふ》かぬ間に

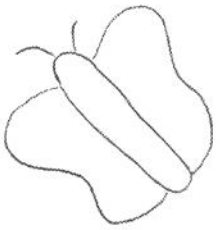

さくらの木

木の肌《はだ》うっすら　紅色《べにいろ》に
はにかむような　さくらの木
花の出番は　もうすぐ　もうすぐ

つぼみずっしり　枝しなる
いっきに咲《さ》くよ　明日《あした》には
花のまつりは　もうすぐ　もうすぐ

咲くぞ咲いたと　人そぞろ
笑顔《えがお》がかこむ　さくらの木
花のうたげだ　あつまれ　あつまれ

ゆめから

――とんでみたいな　おおぞらを――
――とんでいきたい　かなたまで――
人は　とりにあこがれ　ゆめをみた
そして
飛行機《ひこうき》をつくった

――いってみたいな　おつきさま――
――のってみたいな　月のふね――
人は　よぞら見あげて　ゆめをみた
そして
ロケットをつくった

——あってみたいな　うちゅう人——
——さぐってみたいな　星のなぞ——
人は　おもいえがいて　ゆめをみた
そして
宇宙船《うちゅうせん》をつくった

ゆめが　くらしをかえてきた
ゆめが　せかいをぬりかえた
みらいは
ゆめから　あこがれから

たけのこ

よいしょと
地面《じめん》を
もちあげて
たけのこ
ニョキと
かおだした

うんこら
地面に
ふんばって
たけのこ
グイと
のびていく

どっこい
地面に
からみつき
たけのこ
そらを
つきやぶる

そらとうみ

そらとうみ
むかいあって　なにしてる
あやとりしてる
ひかりのいとで
すくってかけて　なみがひく
にじいろはしご　うかんでる

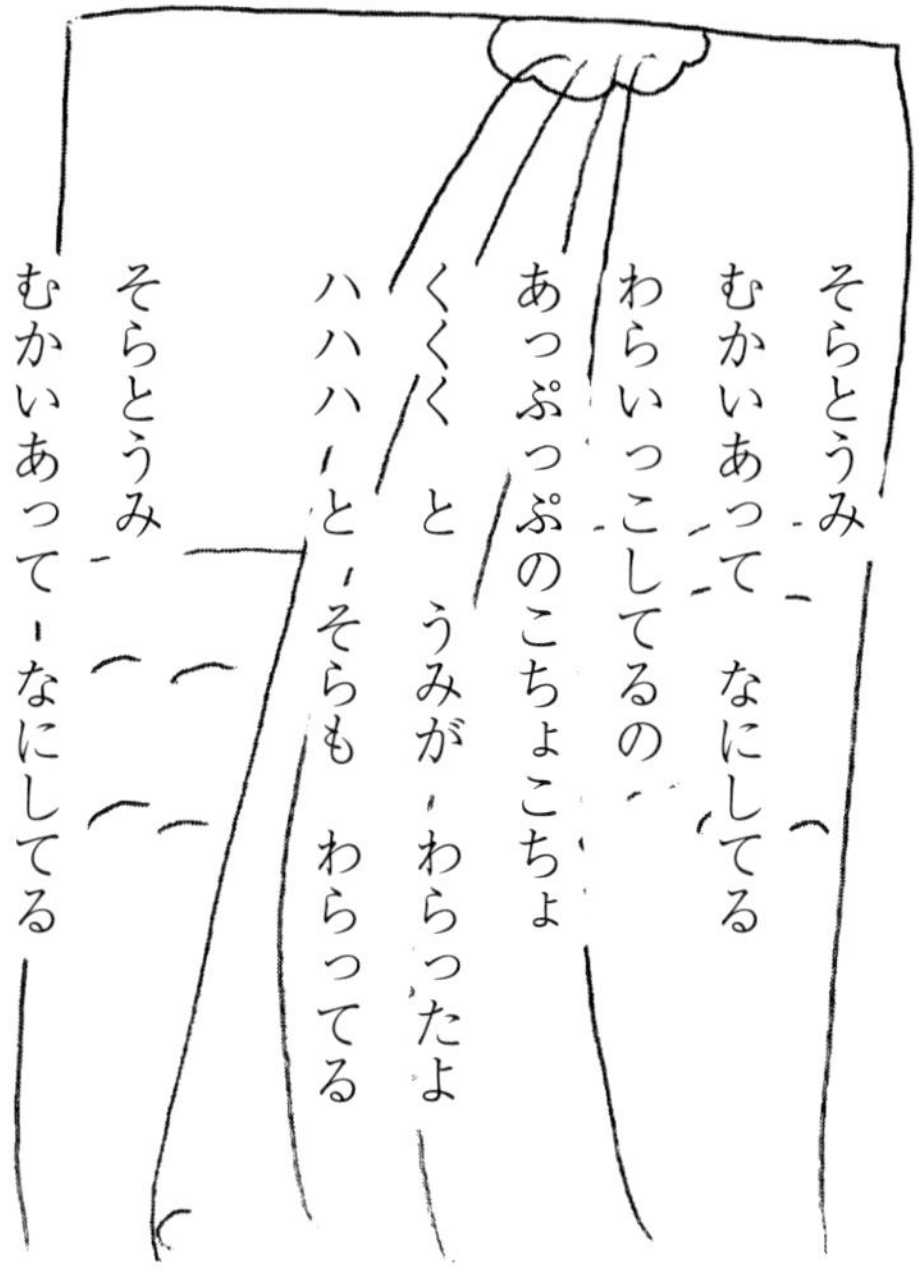

そらとうみ
むかいあって　なにしてる
わらいっこしてるの
あっぷっぷのこちょこちょ
くくく　と　うみが　わらったよ
ハハハ　と　そらも　わらってる

そらとうみ
むかいあって　なにしてる
きこえてくるの
すてきなうたが
かぜとなみとの　ハーモニー
耳をすまして　きいている

とけた

どこまでも
どこまでも
空
秋の　空
空の　てっぺん　どこにある
空のむこうの　空かしら

どこまでも
どこまでも
空
すみきった　空
空の　てっぺん　どこにある
空の青さに　とけたかな

てっぺん　きえた
てっぺん　とけた

春かな

つくしがあたまを
ちょこっとだした
かたくてあおい
まあるいあたまを
そろそろ春かなって
のぞいてみたよ

木の芽《め》があたまを
ちょこっとだした
かたくてあおい
とんがりあたま
そろそろ春かなって
おそらをみたよ

はなちゃんあたまを
ちょこっとだした
リボンがゆれてる
かわいいあたま
おそとであそびたいなって
まどからみたよ

落《お》ち葉《ば》のうた

落ち葉の道を　歩いたら
カサコソカサコソ　音がする
くつと落ち葉のあいことば
カサコソ　ばなしを　ききたいな

落ち葉の道を　歩いたら
シャカシャカシャカシャカ音がする
落ち葉はくつにたずねたよ
シャカシャカ　いそいで　どこいくの

落ち葉の上でねころんだ
シャラシャラシャラシャラ音がする
おちばのおふとん　いいきもち
シャラシャラ　きこえる　こもりうた

かくれんぼ

春のお空とかくれんぼ
もういいかい
まあだだよ
若葉《わかば》いっぱい大きな木
葉かげにすっぽり
もういいよ

夏のお空とかくれんぼ
もういいかい
まあだだよ
波《なみ》がえぐった岩のかげ
小さくしゃがんで
もういいよ

秋のお空とかくれんぼ
もういいかい
まあだだよ
すすきの原に走りこむ
かぜさんしずかに
もういいよ

冬のお空とかくれんぼ
もういいかい
まあだだよ
ふぶきだお空もかくれんぼ
ぼくもおうちに
かくれんぼ

春になったらまたあそぼ

第三章　いないいないない　おったあ！

伊予《いよ》の方言　あそびうた

わい　わい　わい

ぱんやさんまで　いって　こうわい
あんぱん　かいに　いって　こうわい
こうたら　いこうわい　ばあちゃんち
いっしょに　あんぱん　たべて　こうわい
かずちゃんとたつくんも　よんで　こうわい
あんぱん　わい　わい　たべようわい
みんなで　わい　わい　おいしいわい
あしたは
メロンパン　かいにいこうわい

こしょこしょ

あたまを　こしょこしょ
おみみを　こしょこしょ
おくびを　こしょこしょ
おなかを　こしょこしょ
せなかを　こしょこしょ
おしりを　こしょこしょ
あしのうら　こしょしょ
こしょば〜い　こしょば〜い！

がまんは　かまん

がまんは　かまん
ないても　かまん
さわいでも　かまん
ちょこっとだけなら
わるさしても　かまん
がまんは　せ〜でもええ
か・ま・ん

いこかいね

あっちむいて
　いこかいね
そっちむいて
　いこかいね
こっちむいて
　いこかいね
どっちいったら
　えんかいね
あっち　そっち　こっち　どっち
どっち　こっち　そっち　あっち
もう　あした　いこかいね

いよみかんのうた

みかんのなかま　よっといで
いよかん　ぽんかん、みしょうかん
あまなつ　はっさく　ネ～ブルさん
おなじみさんが　あつまった
ど～んとかんろく　あじじまん

みかんのなかま　よっといで
はるみに　なつみに　はるかさん
デコポン　まどんな、かんぺいくん
おいしさこだわる　ニューフェイス
すてきななまえ　わすれない

石鎚山《いしづちやま》のてんぐさん

石鎚山のてんぐさん
どこにおるんぞ　おるならでてこい
「てんぐ～てんぐ～」
へんじはせんけど　みつけたぞ
ゆきにのこったげたのあと
一の文字がくっきりと

石鎚山のてんぐさん
どこにおるんぞ　おるならでてこい
「てんぐ～てんぐ～」

へんじはせんけど　みつけたぞ
おおきなくすのき　えだはかげ
もっこりつきでる　はながある

石鎚山のてんぐさん
でてきてくれんか　おれいがいいたい
「てんぐ～てんぐ～」
むらにつたわる　はなしじゃが
まいごになった　おとこのこ
いえまでつれて　きたそうな

やさしいてんぐと　きいとるぞ

「伊予《いよ》の方言　あそびうた」について一言

若《わか》い頃《ころ》、都会に憧《あこが》れて故郷《こきょう》を出たことがあります。雑踏《ざっとう》の中で郷里《きょうり》の方言を聞いたときは、思わず声を探《さが》し、耳をそば立てていた記憶《きおく》があります。生まれ育った土地の方言は、身体《からだ》に染《し》み込《こ》んでいて、抜《ぬ》けないと思っています。魅力《みりょく》でもあり、時には魔力《まりょく》にもなります。

生粋《きっすい》の伊予人のお爺《じい》さんが、幼児《ようじ》をあやしていたときのことです。「いないいないない　おった〜」と言って遊《あそ》んでいました。標準語《ひょうじゅんご》の『いる』が、伊予弁《いよべん》では『おる』になります。伊予弁だけでいうなら「おらんぞ、おらんぞ、おった〜」になるのですが、お爺さんは、「いない、いない」を、どこかで耳にしていたのでしょう。

「ばあ」と「おった〜」ではニュアンスが違《ちが》いますが、「おった〜」と顔を見あわせたときのふたりの笑顔《えがお》を、私《わたし》は忘《わす》れることができません。

「いないいない、おった〜」どこか泥臭《どろくさ》くて、おしゃれではありません。でも、伊予の田舎《いなか》のお爺さんならではのぬくもりを感じます。

第《だい》三章《しょう》のタイトルを「伊予の方言　あそびうた」としましたが、私は生粋の伊予人ではありません。讃岐《さぬき》弁《べん》交じりの伊予弁とご理解《りかい》いただければと思います。

すぎもとれいこ

あとがき

テレビの子ども番組で活躍した高見のっぽさんは、子供のことを「小さい人」と呼び、常に敬意を払って接していたと聞いています。童謡や詩を書いている私も、どんなときでも、小さい人とは真摯に向き合い、敬意をもって付き合わなければ、子どもの心を掴むことは出来ないと思っています。

昨年、日本童謡協会の第二回新作童謡作詞・作曲コンクール「ふたば賞」作詞部門に入選することができました。これをきっかけに、これまでの作品を童謡だけに絞って、一冊の本にまとめたくなりました。

「てらいんく」の佐相さんに相談しましたら、快く引き受けていただき、童謡集を上梓することができました。心からお礼申し上げます。

大きい人たちにお願いがあります。

気に入った詩がありましたら、自由に曲を付けて小さい人といっしょに歌ってくださると幸いです。

これからも、未来の小さい人の心に届く歌が書けるように、日々精進してまいりますので、よろしくお願いいたします。

表紙絵、挿絵は、孫の中で一番小さい人に近い年齢（12歳）の花山菫に描いてもらいました。

すぎもとれいこ

プロフィール

すぎもとれいこ

香川県観音寺市大野原町に生まれる
日本児童文芸家協会会員
詩と童謡「こすもす」同人

受賞歴

大阪市主催「は～と＆は～と」第10回絵本コンクールで「てんとてん」最優秀賞受賞
文芸社第5回絵本大賞で「へそがない」優秀賞受賞
日本童謡協会　第二回新作童謡作詩・作曲コンクール「ふたば賞」作詩部門「そらとうみ」入選

出版歴

2004年　詩集「ちょっといいことあったとき」(銀の鈴社)
2008年　絵本「てんとてん」(大阪市教育委員会)
2009年　絵本「ぼくのいす」(教育画劇)
2015年　詩集「てんきになあれ」(銀の鈴社)
2021年　絵本「柞田飛行場」(観音寺市愛と心を語り継ぐ会)

子どものための少年詩集（銀の鈴社）に2005年～毎年詩を発表
2020年「てんとてん」多言語絵本文庫として10か国語に翻訳されYouTube配信